Todos los libros de Linkgua Ediciones cuentan con modelos de Inteligencia Artificial entrenados por hispanistas. Pregúntale al chat de tu libro lo que desees acerca de la obra o su autor/a.

Para **ebooks**: Accede a nuestro modelo de IA a través de este enlace.

Para **libros impresos**: Escanea el código QR de la portada con tu dispositivo móvil.

Obtén análisis detallados de nuestros libros, resúmenes, respuestas a tus preguntas y accede a nuestras ediciones críticas generativas para una experiencia de lectura más enriquecedora.
La transparencia y el respeto hacia la autoría de las fuentes utilizadas son distintivos básicos de nuestro proyecto. Por ello, las respuestas ofrecen, mediante un sistema de citas, las fuentes con las que han sido elaboradas.

Autores varios

Constitución de la Monarquía española de 1876

Barcelona 2024
Linkgua-ediciones.com

Créditos

Título original: Constitución de la monarquía española de 1876.

© 2024, Red ediciones S.L.

e-mail: info@Linkgua-ediciones.com

Diseño de cubierta: Michel Mallard.

ISBN rústica: 978-84-9953-522-7.
ISBN ebook: 978-84-9953-521-0.

Cualquier forma de reproducción, distribución, comunicación pública o transformación de esta obra solo puede ser realizada con la autorización de sus titulares, salvo excepción prevista por la ley. Diríjase a CEDRO (Centro Español de Derechos Reprográficos, www.cedro.org) si necesita fotocopiar, escanear o hacer copias digitales de algún fragmento de esta obra.

Sumario

Créditos	4
Brevísima presentación	9
Constitución española de 1876	11
Título I. De los españoles y sus derechos	13
Título II. De las Cortes	19
Título III. Del Senado	21
Título IV. Del Congreso de los Diputados	25
Título v. De la celebración y facultades de las Cortes	27
Título VI. Del Rey y sus Ministros	31
Título VII. De la sucesión a la Corona	35
Título VIII. De la menor edad del Rey, y de la Regencia	37
Título IX. De la administración de justicia	39
Título X. De las Diputaciones Provinciales y de los Ayuntamientos	41
Título XI. De las contribuciones	43
Título XII. De la fuerza militar	45

Título XIII. Del gobierno de las provincias de Ultramar   47
   Artículo transitorio   47

Brevísima presentación

La Constitución española de 1876 se promulgó el 30 de junio de 1876 por Antonio Cánovas del Castillo. A partir de un borrador confeccionado por un grupo de 600 notables, antiguos senadores y diputados de anteriores legislaturas, designados por Cánovas.

La comisión definitiva, presidida por Manuel Alonso Martínez, contaba con treinta y nueve miembros. El texto final se aprobó sin grandes cambios por unas Cortes constituyentes elegidas por sufragio universal masculino de acuerdo a lo previsto en la Constitución española de 1869.

Esta constitución estuvo vigente cuarenta y siete años, hasta el golpe de Estado de Primo de Rivera de 1923, siendo la constitución más duradera de la historia de España hasta el momento.

De entre las principales características de la Constitución de 1876, cabe señalar las siguientes:

Soberanía compartida entre las Cortes y el rey, siendo este último el encargado de regular los tres poderes del Estado, así como dirigir y moderar la vida política.

Establecía un poder legislativo bicameral, con un Senado cuyos miembros eran designados por el rey, y un Congreso de los Diputados salido de los procesos electorales.

Carecía de una regulación de los derechos ciudadanos, que se dejaban en manos de la legislación posterior y la interpretación de los gobiernos de turno.

No especificaba el sistema de votación, quedando el derecho al sufragio abierto al uso de la modalidad basada en el censo o a su universalización. Finalmente, el sufragio universal masculino terminó por imponerse en 1890.

Sus firmantes fueron: Alfonso XII. El Presidente del Consejo de Ministros, Ministro interino de Hacienda, Antonio Cánovas del Castillo. El Ministro de Estado, Fernando Calderón y Collantes. El Ministro de Gracia y Justicia, Cristóbal Martín de Herrera.

El Ministro de la Guerra, Francisco de Ceballos y Vargas. El Ministro de Marina, Juan de Antequera. El Ministro de la Gobernación, Francisco Romero y Robledo. El Ministro de Fomento, Francisco Queipo de Llano. El Ministro de Ultramar, Adelardo López de Ayala.

Constitución española de 1876

Don Alfonso XII, por la gracia de Dios Rey constitucional de España. A todos los que las presentes vieren y entendieren, sabed: que en unión y de acuerdo con las Cortes del Reino actualmente reunidas, hemos venido en decretar y sancionar la siguiente

CONSTITUCIÓN DE LA MONARQUÍA ESPAÑOLA

(Las disposiciones relativas al Senado y senadores se encuentran en el Título III y artículos 46, 47 y 58)

Título I. De los españoles y sus derechos

Artículo 1.
Son españoles:
Primero. Las personas nacidas en territorio español.
Segundo. Los hijos de padre o madre españoles, aunque hayan nacido fuera de España.
Tercero. Los extranjeros que hayan obtenido carta de naturaleza.
Cuarto. Los que sin ella hayan ganado vecindad en cualquier pueblo de la Monarquía.

La calidad de español se pierde: por adquirir naturaleza en país extranjero y por admitir empleo de otro Gobierno sin licencia del Rey.

Artículo 2.
Los extranjeros podrán establecerse libremente en territorio español, ejercer en él su industria o dedicarse a cualquiera profesión para cuyo desempeño no exijan las leyes Títulos de aptitud expedidos por las autoridades españolas. Los que no estuvieren naturalizados, no podrán ejercer en España cargo alguno que tenga aneja autoridad o jurisdicción.

Artículo 3.
Todo español está obligado a defender la Patria con las armas, cuando sea llamado por la ley, y a contribuir, en proporción de sus haberes, para los gastos del Estado, de la provincia y del Municipio. Nadie está obligado a pagar contribución que no esté votada por las Cortes o por las Corporaciones legalmente autorizadas para imponerla.

Artículo 4.
Ningún español, ni extranjero, podrá ser detenido sino en los casos y en la forma que las leyes prescriban. Todo detenido será puesto en libertad o entregado a la autoridad judicial dentro de las veinticuatro horas siguientes al acto de la detención. Toda detención se dejará sin efecto o elevará a prisión dentro de las setenta y dos horas de haber sido entregado el detenido al juez competente. La providencia que se dictare se notificará al interesado dentro del mismo plazo.

Artículo 5.
Ningún español podrá ser preso sino en virtud de mandamiento de juez competente. El auto en que se haya dictado el mandamiento se ratificará o repondrá, oído el presunto reo, dentro de las setenta y dos horas siguientes al acto de la prisión. Toda persona detenida o presa sin las formalidades legales, o fuera de los casos previstos en la Constitución y las leyes, será puesta en libertad a petición suya o de cualquier español. La ley determinará la forma de proceder sumariamente en este caso.

Artículo 6.
Nadie podrá entrar en el domicilio de un español, o extranjero residente en España, sin su consentimiento, excepto en los casos y en la forma expresamente prevista en las leyes. El registro de papeles y efectos se verificará siempre a presencia del interesado o de un individuo de su familia, y en su defecto, de dos testigos vecinos del mismo pueblo.

Artículo 7.
No podrá detenerse ni abrirse por la autoridad gubernativa la correspondencia confiada al correo.

Artículo 8.
Todo auto de prisión, de registro de morada o de detención de la correspondencia, será motivado.

Artículo 9.
Ningún español podrá ser compelido a mudar de domicilio o residencia sino en virtud de mandato de autoridad competente, y en los casos previstos por las leyes.

Artículo 10.
No se impondrá jamás la pena de confiscación de bienes, y nadie podrá ser privado de su propiedad sino por autoridad competente y por causa justificada de utilidad pública, previa siempre la correspondiente indemnización. Si no procediere este requisito, los jueces ampararán y en su caso reintegrarán en la posesión al expropiado.

Artículo 11.
La religión católica, apostólica, romana, es la del Estado. La Nación se obliga a mantener el culto y sus ministros. Nadie será molestado en el territorio español por sus opiniones religiosas
 ni por el ejercicio de su respectivo culto, salvo el respeto debido a la moral cristiana. No se permitirán, sin embargo, otras ceremonias ni manifestaciones públicas que las de la religión del Estado.

Artículo 12.
Cada cual es libre de elegir su profesión y de aprenderla como mejor le parezca. Todo español podrá fundar y soste-

ner establecimientos de instrucción o de educación con arreglo a las leyes.

Al Estado corresponde expedir los Títulos profesionales y establecer las condiciones de los que pretendan obtenerlos, y la forma en que han de probar su aptitud. Una ley especial determinará los deberes de los profesores y las reglas a que ha de someterse la enseñanza en los establecimientos de instrucción pública costeados por el Estado, las provincias o los pueblos.

Artículo 13.
Todo español tiene derecho:
— De emitir libremente sus ideas y opiniones, ya de palabra, ya por escrito, valiéndose de la imprenta o de otro procedimiento semejante, sin sujeción a la censura previa.
— De reunirse pacíficamente.
— De asociarse para los fines de la vida humana.
— De dirigir peticiones individual o colectivamente al Rey, a las Cortes y a las autoridades.
— El derecho de petición no podrá ejercerse por ninguna clase de fuerza armada. Tampoco podrán ejercerlo individualmente los que formen parte de una fuerza armada, sino con arreglo a las leyes de su instituto, en cuanto tenga relación con éste.

Artículo 14.
Las leyes dictarán las reglas oportunas para asegurar a los españoles en el respeto recíproco de los derechos que este Título les reconoce, sin menoscabo de los derechos de la Nación, ni los atributos esenciales del Poder público. Determinarán asimismo la responsabilidad civil y penal a que han de quedar sujetos, según los casos, los jueces, autoridades y

funcionarios de todas las clases que atenten a los derechos enumerados en este Título.

Artículo 15.
Todos los españoles son admisibles a los empleos y cargos públicos, según su mérito y capacidad.

Artículo 16.
Ningún español puede ser procesado ni sentenciado sino por el Juez o Tribunal competente, en virtud de leyes anteriores al delito, y en la forma que éstas prescriban.

Artículo 17.
Las garantías expresadas en los artículos 4º., 5º., 6º., y 9º., y párrafos primero, segundo y tercero del 13, no podrán suspenderse en toda la Monarquía, ni en parte de ella, sino temporalmente y por medio de una ley, cuando así lo exija la seguridad del Estado, en circunstancias extraordinarias.
Sólo no estando reunidas las Cortes y siendo el caso grave y de notoria urgencia, podrá el Gobierno, bajo su responsabilidad, acordar la suspensión de garantías a que se refiere el párrafo anterior, sometiendo su acuerdo a la aprobación de aquéllas lo más pronto posible.
Pero en ningún caso se suspenderán más garantías que las expresadas en el primer párrafo de este artículo. Tampoco los jefes militares o civiles podrán establecer otra penalidad que la prescrita previamente por la ley.

Título II. De las Cortes

Artículo 18.
La potestad de hacer las leyes reside en las Cortes con el Rey.

Artículo 19.
Las Cortes se componen de dos Cuerpos Colegisladores, iguales en facultades: el Senado y el Congreso de los Diputados.

Título III. Del Senado

Artículo 20.
El Senado se compone:
Primero. De Senadores por derecho propio.
Segundo. De Senadores vitalicios nombrados por la Corona.
Tercero. De Senadores elegidos por las Corporaciones del Estado y mayores contribuyentes en la forma que determine la ley. El número de los Senadores por derecho propio y vitalicio no podrá exceder de 180. Este número será el de los Senadores electivos.

Artículo 21.
Son Senadores por derecho propio:
Los hijos del Rey y del sucesor inmediato de la Corona, que hayan llegado a la mayoría de edad.
Los grandes de España que lo fueren por sí, que no sean súbditos de otra Potencia y acrediten tener la renta anual de 60.000 pesetas, procedente de bienes propios, inmuebles, o de derechos que gocen la misma consideración legal.
Los Capitanes generales del Ejército y el Almirante de la Armada.
El Patriarca de las Indias y los Arzobispos.
El Presidente del Consejo de Estado, el del Tribunal Supremo, el del Tribunal de Cuentas del Reino, el del Consejo Supremo de la Guerra, el de la Armada, después de dos años de ejercicio.

Artículo 22.

Sólo podrán ser Senadores por nombramiento del Rey o por elección de las Corporaciones del Estado y mayores contribuyentes, los españoles que pertenezcan o hayan pertenecido a una de las siguientes clases:

Primero. Presidente del Senado o del Congreso de los Diputados.

Segundo. Diputados que hayan pertenecido a tres Congresos diferentes o que hayan ejercido la Diputación durante ocho legislaturas.

Tercero. Ministros de la Corona.

Cuarto. Obispos.

Quinto. Grandes de España.

Sexto. Tenientes generales del Ejército y Vicealmirantes de la Armada, después de dos años de su nombramiento.

Séptimo. Embajadores, después de dos años de servicio efectivo, y ministros plenipotenciarios después de cuatro.

Octavo. Consejeros de Estado, fiscal del mismo Cuerpo, y ministros y fiscales del Tribunal Supremo y del de Cuentas del Reino, consejeros del Supremo de la Guerra y de la Armada, y decano del Tribunal de las Ordenes Militares, después de dos años de ejercicio.

Noveno. Presidentes o directores de las Reales Academias Española, de la Historia, de Bellas Artes de San Fernando, de Ciencias Exactas, Físicas y Naturales, de Ciencias Morales y Políticas, y de Medicina.

Décimo. Académicos de número de las Corporaciones mencionadas, que ocupen la primera mitad de la escala de antigüedad en su Cuerpo; inspectores generales de primera clase de los Cuerpos de Ingenieros de Caminos, Minas y Montes; catedráticos de término de las

Universidades, siempre que lleven cuatro años de antigüedad en su categoría y de ejercicio dentro de ella.

Los comprendidos en las categorías anteriores deberán, además, disfrutar 7.500 pesetas de renta, procedente de bienes propios, o de sueldos de los empleos que no pueden perderse sino por causa legalmente probada o de jubilación, retiro o cesantía.

Undécimo. Los que con dos años de antelación posean una renta anual de 20.000 pesetas o paguen 4.000 pesetas por contribuciones directas al Tesoro público, siempre que además sean Títulos del Reino, hayan sido Diputados a Cortes, diputados provinciales o alcaldes en capital de provincia o en pueblos de más de 20.000 almas.

Duodécimo. Los que hayan ejercido alguna vez el cargo de Senador antes de promulgarse esta Constitución. Los que para ser Senadores en cualquier tiempo hubieren acreditado renta podrán probarla para que se les compute, al ingresar como Senadores por derecho propio, con certificación del Registro de la Propiedad que justifique que siguen poseyendo los mismos bienes.

El nombramiento por el Rey de Senadores se hará por decretos especiales, y en ellos se expresará siempre el Título en que, conforme a lo dispuesto en este artículo, se funde el nombramiento.

Artículo 23.

Las condiciones necesarias para ser nombrado o elegido Senador podrán variarse por una ley.

Artículo 24.

Los Senadores electivos se renovarán por mitad cada cinco años, y en totalidad cuando el Rey disuelva esta parte del Senado.

Artículo 25.

Los Senadores no podrán admitir empleo, ascenso que no sea de escala cerrada, Títulos ni condecoraciones, mientras estuviesen abiertas las Cortes. El Gobierno podrá, sin embargo, conferirles dentro de sus respectivos empleos o categoría, las comisiones que exija el servicio público.

Exceptúase de lo dispuesto en el párrafo primero de este artículo el cargo de Ministro de la Corona.

Artículo 26.

Para tomar asiento en el Senado se necesita ser español, tener treinta y cinco años cumplidos, no estar procesado criminalmente ni inhabilitado en el ejercicio de sus derechos políticos, y no tener sus bienes intervenidos.

Título IV. Del Congreso de los Diputados

Artículo 27.
El Congreso de los Diputados se compondrá de los que nombren las Juntas electorales, en la forma que determine la ley. Se nombrará un Diputado a lo menos por cada 50.000 almas de población.

Artículo 28.
Los Diputados se elegirán y podrán ser reelegidos indefinidamente, por el método que determine la ley.

Artículo 29.
Para ser elegido Diputado se requiere ser español, de estado seglar, mayor de edad, y gozar de todos los derechos civiles. La ley determinará con qué clase de funciones es incompatible el cargo de Diputado, y los casos de reelección.

Artículo 30.
Los Diputados serán elegidos por cinco años.

Artículo 31.
Los Diputados a quienes el Gobierno o la Real Casa confieran pensión, empleo, ascenso que no sea de escala cerrada, comisión con sueldo, honores o condecoraciones, cesarán en su cargo sin necesidad de declaración alguna, si dentro de los quince días inmediatos a su nombramiento no participan al Congreso la renuncia de la gracia.

Lo dispuesto en el párrafo anterior no comprende a los Diputados que fueren nombrados Ministros de la Corona.

Título v. De la celebración y facultades de las Cortes

Artículo 32.
Las Cortes se reúnen todos los años. Corresponde al Rey convocarlas, suspender, cerrar sus sesiones y disolver simultánea o separadamente la parte electiva del Senado y el Congreso de los Diputados, con la obligación, en este caso, de convocar y reunir el Cuerpo o Cuerpos disueltos dentro de tres meses.

Artículo 33.
Las Cortes serán precisamente convocadas luego que vacare la Corona, o cuando el Rey se imposibilitare de cualquier modo para el gobierno.

Artículo 34.
Cada uno de los Cuerpos Colegisladores forma el respectivo Reglamento para su gobierno interior, y examina, así las calidades de los individuos que le componen, como la legalidad de su elección.

Artículo 35.
El Congreso de los Diputados nombra su Presidente, Vicepresidentes y Secretarios.

Artículo 36.
El Rey nombra para cada legislatura, de entre los mismos Senadores, el Presidente y Vicepresidentes del Senado, y éste elige sus Secretarios.

Artículo 37.

El Rey abre y cierra las Cortes, en persona, o por medio de los Ministros.

Artículo 38.
No podrá estar reunido uno de los dos Cuerpos Colegisladores sin que también lo esté el otro; exceptúase el caso en que el Senado ejerza funciones judiciales.

Artículo 39.
Los Cuerpos Colegisladores no pueden deliberar juntos, ni en presencia del Rey.

Artículo 40.
Las sesiones del Senado y del Congreso serán públicas, y sólo en los casos que exijan reserva podrá celebrarse sesión secreta.

Artículo 41.
El Rey y cada uno de los Cuerpos Colegisladores tienen la iniciativa de las leyes.

Artículo 42.
Las leyes sobre contribuciones y crédito público se presentarán primero al Congreso de los Diputados.

Artículo 43.
Las resoluciones en cada uno de los Cuerpos Colegisladores se toman a pluralidad de votos; pero para votar las leyes se requiere la presencia de la mitad más uno del número total de los individuos que lo componen.

Artículo 44.

Si uno de los Cuerpos Colegisladores desechara algún proyecto de ley, o le negare el Rey la sanción, no podrá volverse a proponer otro proyecto de ley sobre el mismo objeto en aquella legislatura.

Artículo 45.
Además de la potestad legislativa que ejercen las Cortes con el Rey, les pertenecen las facultades siguientes:
Primera. Recibir al Rey, al sucesor inmediato de la Corona y a la Regencia o Regente del Reino, el juramento de guardar la Constitución y las leyes.
Segunda. Elegir Regente o Regencia del Reino y nombrar tutor al Rey menor, cuando lo previene la Constitución.
Tercera. Hacer efectiva la responsabilidad de los Ministros, los cuales serán acusados por el Congreso y juzgados por el Senado.

Artículo 46.
Los Senadores y Diputados son inviolables por sus opiniones y votos en el ejercicio de su cargo.

Artículo 47.
Los Senadores no podrán ser procesados ni arrestados sin previa resolución del Senado sino cuando sean hallados in fraganti, o cuando no esté reunido el Senado; pero en todo caso se dará cuenta a este Cuerpo lo más pronto posible para que determine lo que corresponda. Tampoco podrán los Diputados ser procesados ni arrestados durante las sesiones sin permiso del Congreso, a no ser hallados in fraganti; pero en este caso y en el de ser procesados o arrestados cuando estuvieren cerradas las Cortes, se dará cuenta lo más pronto posible al Congreso para su conocimiento y resolu-

ción. El Tribunal Supremo conocerá de las causas criminales contra los Senadores y Diputados, en los casos y en la forma que determine la ley.

Título VI. Del Rey y sus Ministros

Artículo 48.
La persona del Rey es sagrada e inviolable.

Artículo 49.
Son responsables los Ministros. Ningún mandato del Rey puede llevarse a efecto si no está refrendado por un Ministro, que por sólo este hecho se hace responsable.

Artículo 50.
La potestad de hacer ejecutar las leyes reside en el Rey, y su autoridad se extiende a todo cuanto conduce a la conservación del orden público en lo interior y a la seguridad del Estado en lo exterior, conforme a la Constitución y a las leyes.

Artículo 51.
El Rey sanciona y promulga las leyes.

Artículo 52.
Tiene el mando supremo del Ejército y Armada, y dispone de las fuerzas de mar y tierra.

Artículo 53.
Concede los grados, ascensos y recompensas militares con arreglo a las leyes.

Artículo 54.
Corresponde además, al Rey:

Primero. Expedir los decretos, reglamentos e instrucciones que sean conducentes para la ejecución de las leyes.
Segundo. Cuidar de que en todo el Reino se administre pronta y cumplidamente la justicia.
Tercero. Indultar a los delincuentes con arreglo a las leyes.
Cuarto. Declarar la guerra y hacer y ratificar la paz, dando después cuenta documentada a las Cortes.
Quinto. Dirigir las relaciones diplomáticas y comerciales con las demás Potencias.
Sexto. Cuidar de la acuñación de la moneda, en la que se pondrá su busto y nombre.
Séptimo. Decretar la inversión de los fondos destinados a cada uno de los ramos de la Administración, dentro de la ley de Presupuestos.
Octavo. Conferir los empleos civiles, y conceder honores y distinciones de todas clases, con arreglo a las leyes.
Noveno. Nombrar y separar libremente a los Ministros.

Artículo 55.
El Rey necesita estar autorizado por una ley especial:
Primero. Para enajenar, ceder o permutar cualquiera parte del territorio español.
Segundo. Para incorporar cualquiera otro territorio al territorio español.
Tercero. Para admitir tropas extranjeras en el Reino.
Cuarto. Para ratificar los tratados de alianza ofensiva, los especiales de comercio, los que estipulen dar subsidios a alguna Potencia extranjera y todos aquellos que puedan obligar individualmente a los españoles: En ningún caso los artículos secretos de un tratado podrán derogar los públicos.
Quinto. Para abdicar la Corona en su inmediato sucesor.

Artículo 56.

El Rey, antes de contraer matrimonio, lo pondrá en conocimiento de las Cortes, a cuya aprobación se someterán los contratos y estipulaciones matrimoniales que deban ser objeto de una ley. Lo mismo se observará respecto del inmediato sucesor a la Corona. Ni el Rey ni el inmediato sucesor pueden contraer matrimonio con persona que por la ley esté excluida de la sucesión a la Corona.

Artículo 57.

La dotación del Rey y de su familia se fijará por las Cortes al principio de cada reinado.

Artículo 58.

Los Ministros pueden ser Senadores o Diputados, y tomar parte en las discusiones de ambos Cuerpos Colegisladores; pero sólo tendrán voto en aquel a que pertenezcan.

Título VII. De la sucesión a la Corona

Artículo 59.
El Rey legítimo de España es Don Alfonso XII de Borbón.

Artículo 60.
La sucesión al Trono de España seguirá el orden regular de primogenitura y representación, siendo preferida siempre la línea anterior a las posteriores; en la misma línea, el grado más próximo al más remoto; en el mismo grado, el varón a la hembra, y en el mismo sexo, la persona de más edad a la de menos.

Artículo 61.
Extinguidas las líneas de los descendientes legítimos de Don Alfonso XII de Borbón, sucederán por el orden que queda establecido sus hermanas, su tía, hermana de su madre, y sus legítimos descendientes, y los de sus tíos, hermanos de Fernando VII, si no estuvieren excluidos.

Artículo 62.
Si llegaran a extinguirse todas las líneas que se señalan, las Cortes harán nuevos llamamientos, como más convenga a la Nación.

Artículo 63.
Cualquiera duda de hecho o de derecho que ocurra en orden a la sucesión de la Corona se resolverá por una ley.

Artículo 64.

Las personas que sean incapaces para gobernar, o hayan hecho cosa por que merezcan perder el derecho a la Corona, serán excluidas de la sucesión por una ley.

Artículo 65.
Cuando reine una hembra, el Príncipe consorte no tendrá parte ninguna en el gobierno del Reino.

Título VIII. De la menor edad del Rey, y de la Regencia

Artículo 66.
El Rey es menor de edad hasta cumplir diez y seis años.

Artículo 67.
Cuando el Rey fuere menor de edad, el padre o la madre del Rey y en su defecto el pariente más próximo a suceder en la Corona, según el orden establecido en la Constitución, entrará desde luego a ejercer la Regencia, y la ejercerá todo el tiempo de la menor edad del Rey.

Artículo 68.
Para que el pariente más próximo ejerza la Regencia necesita ser español, tener veinte años cumplidos, y no estar excluidos de la sucesión de la Corona. El padre o la madre del Rey sólo podrán ejercer la Regencia permaneciendo viudos.

Artículo 69.
El Regente prestará ante las Cortes el juramento de ser fiel al Rey menor y guardar la Constitución y las leyes.
Si las Cortes no estuviesen reunidas, el Regente las convocará inmediatamente, y entre tanto prestará el mismo juramento ante el Consejo de Ministros, prometiendo reiterarle ante las Cortes tan luego como se hallen congregadas.

Artículo 70.
Si no hubiere ninguna persona a quien corresponda de derecho la Regencia, la nombrarán las Cortes y se compondrá de una, tres o cinco personas. Hasta que se haga este nom-

bramiento, gobernará provisionalmente el Reino el Consejo de Ministros.

Artículo 71.

Cuando el Rey se imposibilitare para ejercer su autoridad, y la imposibilidad fuese reconocida por las Cortes, ejercerá la Regencia, durante el impedimento, el hijo primogénito del Rey, siendo mayor de diez y seis años; en su defecto, el consorte del Rey, y a falta de éste, los llamados a la Regencia.

Artículo 72.

El Regente, y la Regencia en su caso, ejercerá toda la autoridad del Rey, en cuyo nombre se publicarán los actos del Gobierno.

Artículo 73.

Será tutor del Rey menor la persona que en su testamento hubiere nombrado el Rey difunto, siempre que sea español de nacimiento; si no lo hubiese nombrado, será tutor el padre o la madre, mientras permanezcan viudos. En su defecto, le nombrarán las Cortes; pero no podrán estar reunidos los encargos de Regente y de tutor del Rey sino en el padre o en la madre de éste.

Título IX. De la administración de justicia

Artículo 74.
La justicia se administra en nombre del Rey.

Artículo 75.
Unos mismos Códigos regirán en toda la Monarquía sin perjuicio de las variaciones que por particulares circunstancias determinen las leyes. En ellos no se establecerá más que un solo fuero para todos los españoles en los juicios comunes, civiles y criminales.

Artículo 76.
A los Tribunales y Juzgados pertenece exclusivamente la potestad de aplicar las leyes en los juicios civiles y criminales, sin que puedan ejercer otras funciones que las de juzgar y hacer se ejecute lo juzgado.

Artículo 77.
Una ley especial determinará los casos en que haya de exigirse autorización previa para procesar, ante los Tribunales ordinarios, a las autoridades y sus agentes.

Artículo 78.
Las leyes determinarán los Tribunales y Juzgados que ha de haber, la organización de cada uno, sus facultades, el modo de ejercerlas y las calidades que han de tener sus individuos.

Artículo 79.
Los juicios en materias criminales serán públicos, en la forma que determinen las leyes.

Artículo 80.
Los magistrados y jueces serán inamovibles y no podrán ser depuestos, suspendidos ni trasladados sino en los casos y en la forma que prescriba la ley orgánica de Tribunales.

Artículo 81.
Los jueces son responsables personalmente de toda infracción de ley que cometan.

Título X. De las Diputaciones Provinciales y de los Ayuntamientos

Artículo 82.
En cada provincia habrá una Diputación provincial, elegida en la forma que determine la ley y compuesta del número de individuos que ésta señale.

Artículo 83.
Habrá en los pueblos alcaldes y Ayuntamientos. Los Ayuntamientos serán nombrados por los vecinos a quienes la ley confiera este derecho.

Artículo 84.
La organización y atribuciones de las Diputaciones provinciales y Ayuntamientos se regirán por sus respectivas leyes. Estas se ajustarán a los principios siguientes:

Primero. Gobierno y dirección de los intereses peculiares de la provincia o del pueblo por las respectivas corporaciones.

Segundo. Publicación de los presupuestos, cuentas y acuerdos de las mismas.

Tercero. Intervención del Rey, y, en su caso, de las Cortes, para impedir que las Diputaciones provinciales y los Ayuntamientos se extralimiten de sus atribuciones en perjuicio de los intereses generales y permanentes.

Y cuarto. Determinación de sus facultades en materia de impuestos, a fin de que los provinciales y municipales no se hallen nunca en oposición con el sistema tributario del Estado.

Título XI. De las contribuciones

Artículo 85.

Todos los años presentará el Gobierno a las Cortes el presupuesto general de gastos del Estado para el año siguiente y el plan de contribuciones y medios para llenarlos, como asimismo las cuentas de la recaudación e inversión de los caudales públicos, para su examen y aprobación.

Si no pudieran ser votados antes del primer día del año económico siguiente, regirán los del anterior, siempre que para él hayan sido discutidos y votados por las Cortes y sancionados por el Rey.

Artículo 86.

El Gobierno necesita estar autorizado por una ley para disponer de las propiedades del Estado y tomar caudales a préstamo sobre el crédito de la Nación.

Artículo 87.

La Deuda pública está bajo la salvaguardia especial de la Nación.

Título XII. De la fuerza militar

Artículo 88.
Las Cortes fijarán todos los años, a propuesta del Rey, la fuerza militar permanente de mar y tierra.

Título XIII. Del gobierno de las provincias de Ultramar

Artículo 89.
Las provincias de Ultramar serán gobernadas por leyes especiales; pero el Gobierno queda autorizado para aplicar a las mismas, con las modificaciones que juzgue convenientes y dando cuenta a las Cortes, las leyes promulgadas o que se promulguen para la Península.

Cuba y Puerto Rico serán representadas en las Cortes del Reino en la forma que determine una ley especial, que podrá ser diversa para cada una de las dos provincias.

Artículo transitorio
El Gobierno determinará cuándo y en qué forma serán elegidos los representantes a las Cortes de la isla de Cuba.

Por tanto:

Mandamos a todos nuestros súbditos, de cualquiera clase y condición que sean, que hayan y guarden la presente Constitución como ley fundamental de la Monarquía. Y mandamos a todos los Tribunales, Justicias, Jefes, Gobernadores y demás Autoridades, así civiles como militares y eclesiásticas de cualquier clase y dignidad, que guarden y hagan guardar, cumplir y ejecutar la expresada Constitución en todas sus partes.

Dado en Palacio a 30 de Junio de 1876. Yo el Rey. El Presidente del Consejo de Ministros, Ministro interino de Hacienda, Antonio Cánovas del Castillo. El Ministro de Estado, Fernando Calderón y Collantes. El Ministro de Gracia y Justicia, Cristóbal Martín de Herrera. El Ministro de la Guerra, Francisco de Ceballos y Vargas. El Ministro de

Marina, Juan de Antequera. El Ministro de la Gobernación, Francisco Romero y Robledo. El Ministro de Fomento, Francisco Queipo de Llano. El Ministro de Ultramar, Adelardo López de Ayala.

www.ingramcontent.com/pod-product-compliance
Lightning Source LLC
Chambersburg PA
CBHW031505040426
42444CB00007B/1216